AF347297

PRINCIPIOS DE LEVITACIÓN

ExLibric

NAZARET LUNA CASTRO

PRINCIPIOS DE LEVITACIÓN

EXLIBRIC

ANTEQUERA 2020

PRINCIPIOS DE LEVITACIÓN
© Nazaret Luna Castro
Diseño de portada: Dpto. de Diseño Gráfico Exlibric

Iª edición

© ExLibric, 2020.

Editado por: ExLibric
c/ Cueva de Viera, 2, Local 3
Centro Negocios CADI
29200 Antequera (Málaga)
Teléfono: 952 70 60 04
Fax: 952 84 55 03
Correo electrónico: exlibric@exlibric.com
Internet: www.exlibric.com

ISBN: 978-84-18230-41-7
Depósito Legal: MA-625-2020

Nota de la editorial: ExLibric pertenece a Innovación y Cualificación S. L.

NAZARET LUNA CASTRO

PRINCIPIOS DE LEVITACIÓN

Prólogo

En *Principios de levitación* hallamos una voz femenina honda, sin temores, que traza armoniosas imágenes en las que encontramos el milagro de la claridad y la esperanza. Este libro nace en la firmeza evidente de la existencia como apertura al otro, como un cobijo —sin orillas— del valor del amor.

Adentrándonos, hallamos el refugio de unos versos cálidos que como espigas se mecen en una atmósfera envolvente en la que encontramos una cadencia que se manifiesta como tránsito de una realidad invisible; como la integración proporcionada, mesurada y ordenada de distintos elementos que giran en torno a un mismo eje no visible que se acomoda a lo más profundo y bello del ser humano; como un código secreto del alma que hay que descifrar para entender el único camino posible: el amor.

Nazaret nos deja entrever los mimbres —los rastros— con los que construye senderos, laberintos de palabras, que confluyen en ese códice interior que la autora vierte, amansa y a fuego lento, convoca con el descuido de lo hallado para enhebrar y presentarnos su obra. Su poesía, una vez más, son semillas de una introspección que nunca habitará el olvido.

Y así, en esencia, podemos hallar dentro de los poemas de este libro, un estallido luminoso y mágico que exprime lo invisible y lo convierte en bálsamo poético que supura ese aroma a verdad. Esa fragancia que emana de lo no impostado. Una belleza azul que nos conmueve. Una epifanía de ese "secreto escondido" de la autora que nos descubre su valía esencial.

La poesía de Nazaret nos abraza en lo más profundo de lo que somos como si fuera algo nuestro. Como una certidumbre que conocemos y que, antes de leerla, de hacerla nuestra, ya está en nosotros.

En el vaho dulce que reposa en sus versos descubrimos una realidad que también nos pertenece. Un silencio que nos ocupa. Un fulgor que se hace palabra para que la palabra sea promesa y encuentro; para que la palabra sea esa ofrenda necesaria en nuestro interior.

Una vez recorrido este libro, os aseguro —sin ninguna duda— que el lector podrá dejarse acariciar por la textura suave del alma de nuestra autora: una dilatada abertura donde conviven los sueños y las más íntimas verdades de su valle espiritual.

Para concluir, diré que la poesía de Nazaret Luna es una apuesta inalterable, llevada por la luz, en la palabra. Enredada por la vida y tejida al mundo en ese espacio sagrado que trasciende y nos eleva más allá de los límites que nos anclan a este tiempo y a uno mismo. Así, nuestra autora, edifica sus poemas como vigías de belleza donde refugiarse de lo artificioso, de lo fingido, de lo postizo. Su poesía profunda y auténtica revela los paisajes tejidos en la realidad fulgurosa de su interior.

Por todo ello, considero que es todo un acierto comenzar con este libro, *Principios de levitación,* de Nazaret Luna Castro, la colección "Arte Ahora", en la que iremos dando cabida a nuevas creaciones, puesto que tenemos la certeza de que la cultura es una de las llamas necesarias para impulsar una nueva humanidad.

Rafael Luna García
Presidente Arte Ahora

PRINCIPIOS DE LEVITACIÓN

I

¡Te quiero! Y si eso te parece poco,
¡puedo decir que te amo!
Cierto, sí, ¡que es verdad!
y de una manera sorprendente.
Es magia y es error, que se multiplica,
y se divide,
porque no te conozco,
ni me conoces,
por eso hay rechazo
y hay deseo
que ilusiona una ficción tan real
que se hace burla;
una burla inverosímil, anárquica,
prototípica, de cuento de hadas.

Suspira,
y me atrae a su textura viscosa y aérea,
blanda
como el gusano de seda,
y puntiaguda como una espina de rosa,
¡tan bella!

Inútil, o imprescindible,
almáicamente sencilla, reconocible al olor,
mítica e insensata,
caprichosa.

A tientas se desparrama el perfume;
por las ruletas del tiempo suena el eco
y se expanden las ondas, como en el mar o en el lago,
o en el río, que tiene el color del cerezo,
azul de cielo y blanco de mar arduo
de entrañas y recuerdos.

Añil confuso y pasión fragante.
¡Qué hermosa divinidad anida tu alma!

II

*Que me bese con los besos de su boca/ son como el vino tus amores/
y es mejor el olor de tus perfumes/ tu nombre es como un bálsamo fragan-
te/ con razón de ti se enamoran/ Llévame contigo, rey mío, a tu alcoba,
corriendo, a celebrar contigo tus amores, que son mejores que el vino*
Cantar de los Cantares, 1, 1-4

...y que tus labios besaran mis besos;
...y que el chocolate de la heladería fuera de oro puro;
...y que las lágrimas de tus ojos fueran de muchas alegrías;
...y que los pantalones que llevas entren a medida por
entre mis piernas;
...y que las notas de tu guitarra suenen a canciones;
...y que me llames siempre por mi nombre, y tus manos me toquen;
...que sienta encresparse mi cuerpo al visualizarte;
y me alimentes de presencia.

Lo deseo y lo porto en mi pecho,
como una estrella inmensa.
Llegó la abundancia,
y ahora anida en mí.

Destino, te quiero.

III

Tengo una grieta en el alma,
se desgarra fuerte.
Hoy ha empezado una locura
que durará el resto de mi vida...
por Puro Amor.

IV

¿Y qué sabrás tú, rey,
de lo que yo hago, de lo que yo soy?
No es más que la dificultad del lenguaje
lo que atormenta ociosamente a mi alma.
Hay mucho que desconoces,
y por eso vas a sorprenderte
de quién está bajo este pellejo,
de quién encarna este cuerpo y da vida a esta alma.

No te preocupes, no tengas miedo.
La alegría es fuerte y frágil,
pero los recuerdos de la victoria vienen
y se posan en las ramas de los árboles
que oxigenan mis entrañas.

No hay de qué pedir castigo,
ni perdones, ni súplicas.
Ya está marcado el destino
de lo que la providencia carga.
Ya está el deseo cumplido,
llueva, truene, o arena caiga.
En mis brazos están escritas
las señales de las eternas huellas.

La memoria está clara,
y la atención alerta.

Paisano rey, reza.
Solo te digo: reza.

V

Es una pena lo que siente aquí mi alma,
un lugar que no le yace
ni a mi piel, ni a mi garganta.

—¡Sal! ¡Sal de la tiniebla errante!
¡Vuelve a galopar como la yegua salvaje!

Que en el mundo abundan penas,
y no hay quien no las derrame.
¡Alégrate, date el gusto de nombrarme!

Incansable piedad,
hambrienta osadía,
desdicha inmunda: ¡acuéstate, y no te levantes!

Se llenan los campos en flor,
la primavera aparece con el solsticio,
en el corazón alumbran canciones.

VI

Una luz fría, sin temperatura,
Que no produce sombras...
Un día perpetuo.

VII

En silencio, el grillo inunda la oscuridad del nuboso poblado.
Fértil e incoloro llega el otoño,
cubriendo los parques de hojas rotas
y un olor aterciopelado que yace
como fragancia de paladares austeros,
frágiles,
como ropas de vagabundos descalzos
viajando por calles quebradas
destapadas de ilusiones ignorantes.

Pasajeros de la ruleta perdida
acomodan su piel desnuda en callejones sin salida.
Reciben poca comida
y muchas miradas desprovistas de cariño,
opacas, con desprestigio...

—Llueve en los corazones del mundo,
se forman lagos de avaricia,
desmesura y consumo.
Encharcados de pena,
caminan hacia el amanecer
de un tiempo mejor;
esperando que el sol arrastre
lo que ayer la noche pudrió.—

VIII

En mis pasos inocentes se dibuja la sombra de la
infancia, cuando se corre, se juega, se salta...

A mi vera una crianza que sueña a imitarme,
pero mis pasos diminutos son enormes para él,
como para una hormiga los bosques.
Ahora recuerdo esas tardes de café bajo la arboleda,
cuando aún era mi cuerpo diminuto
y el jugar era mi mundo.
Aquella ilusión de perseguir mariposas
bajo la luz escasa del atardecer.
Esperada e inesperada ilusión
donde todo, sin quererlo así tenía sentido,
y todo sin creerlo así, ya estaba escrito
en nuestros cuerpos, en nuestras manos,
en nuestras ropas, en el perfil de los labios
que esconden palabras, en los oídos
que pasan desapercibidos
entre las gentes que ladran...

Ahí, donde se halla la luz escasa del atardecer,
se halla el silencio,
se halla tu alma y también se halla mi alma.

Donde las personas no ladran
y los oídos no precisan del disimulo

—por ahí los oídos hablan con la boca—
y los cuerpos bailan en juegos invisibles.

Es ahí, en ese ocaso, donde la infancia se cría
y las mariposas vuelan tras un resplandor que las guía;
sutil, incorpóreo, casi intangible.
En ese espacio entre la luz y la nada
se puede hallar el silencio,
también se halla tu alma
y también mi alma.

IX

La química de los ojos
que miran hacia una distancia infinita.
Los sueños que esconde aquella intangible estrella.
El agua que hoy bebo
quizás algún día regará la tierra,
esta tierra que pisamos,
que nombramos como nuestra.

Mis pies caminan hacia una dimensión
que está creando el nuevo mundo.
La mente y el cuerpo son solo uno.
Somos un proyecto de transformación infinita.
Mi piel no es una limitación,
es solo una capa más de este universo físico
que se transporta al químico
por donde camina la luz.

X

Sin empujar, despacio,
contando como hasta mil,
ahora hacia atrás.
Volver a empezar.
Pero ahora el sol se está poniendo en el horizonte.
Vamos a contar hasta mil, hasta cien,
o para empezar vamos a contar
hasta siete, o hasta nueve.
Despacio, lento...

Existe un espacio entre número y número.
Un hueco, como un abismo incalculable,
que se detiene al hacerse visible y se conjuga,
porque entra en el tiempo, a tiempo.
Vamos a contar a tiempo.
Los decimales que con su silencio nos unen,
con su compás nos transforman,
y forman la geometría de las esferas.

Esta es la música de las esferas.

XI

Tengo un secreto escondido.
¿Para qué? ¿Para quién?
Para que el mundo se entere de lo que es
cumplir con la valía de nacer siendo mujer.
He introducido en mi útero
siete valiosas monedas de oro.
Una a una, cumple el designio
de la tradición de los misterios cósmicos.

Existe un resplandor de belleza
escondido en el centro de la Tierra.
Hoy sé que está aquí.
Las palmas de mis manos son rayos de luz,
de mis pies surgen raíces luminosas.
En mi útero hay un tesoro.

Y así me mantengo erguida, firme.
Estos son los **principios de levitación.**

XII

¡Dejadme en paz! ¡Dejadme!
¡Dejadme que me regocije en el silencio!
¡Dejadme que me acune la nevada!
¡Dejadme que el frío me achicharre los huesos!
¡Que esto no es soledad, revelo!
¡Esto es tormento!

—Una voz que de la sombra se revela y convive
conmigo y contigo, en este espacio entre medias.
Se le desatan las cadenas al revelarse, ...
la luz. Así, a través "nuestra", su alma se libera—.

XIII

¡Dios mío, qué clamor se escucha en la sierra!
Pían los pájaros y danzan.
Esto es clemencia.

—Presencia clara, hay vacío. El círculo se completa.
Aunque está todo, no queda nada—.

XIV

Enrevesado está el aliento
de quien queriendo hablar no habla.
Huyendo de la tristeza
cae en el pozo de la nostalgia.
El que en su vanidad aguarda respuestas
se encuentra con embusteros,
se rodea de prisioneros.

Quien cobija caridad ve cómo pasan las nubes
y la tormenta marcha.
Caminar consiste en pisar nuevos caminos
con unos antiguos pies.

—El autor, y su sabiduría que se derrama—.

EN UN INSTANTE

Las copas frías goteaban el vapor del mar.
¿Quién sabe de sus cuerpos?
Humanos con gafas y chaquetas oscuras
charlan sobre las vacaciones
apoyados sobre un barril de vino,
en una tasca de las antiguas,
de aquellas que tienen olor a madera y vino.

—¿De dónde vendrán estas imágenes?, me pregunto.
—No pueden venir de otro sitio, sino de este mundo.
—Pero ¿por dónde vienen?
—Son los canales que usa la inspiración,
la intuición que nos trae señales.

EN LA PROFUNDIDAD DEL MAR

A ti qué te voy a decir después de todo este tiempo…
Escucho canciones y parece que te escucho.
No sé hasta qué punto este mordisco en el alma
lo había sentido algún día antes,
pero es como si ya no me interesara verte,
ni hablar contigo.
He sido yo la que he cambiado.
Esto me ha cambiado.
Y ahora soy una extranjera
dentro de mi propio territorio,
y no me conozco, ya no me conozco.
Y me place,
sin embargo, me place.

Sin querer, como por error,
como sin avisar,
sin esperarlo, me desencuentro y me alivio.

Sé que te amo; sin embargo, no te amo.
Creo que tú no me amas
o, al menos, no me has amado.
Me parece que la identidad,
cuando es una etiqueta: falla,
y uno se compara, y se pregunta
¿quién es aquí el más fuerte?
Y viene el error, y viene el dominio,
y ya viene la muerte.

No, no era esa la jugada que esperábamos,
pero los castillos en el aire
enseguida desaparecen.

UN REPELO FINAL

La noche,
tan silenciosa entre estas montañas...
Parece como si se parara el tiempo,
y ya nada costase dinero.

Parece como si el temblor de la pared o de la piel
fuera más leve y se hiciera notar de repente.

Es la paz hecha episodio, cada noche,
con el color de los lápices en mi escritorio,
a la luz de la lámpara de sal.

Tienen los contornos definidos y tan tierna vista...
Se ve envuelto todo por una fragancia de picor
y sosiego.

Hay una chica en mi reloj de mesa,
con su mano sostiene una estrella.
¿Seré yo?

IMAGEN DE ABUNDANCIA

*Inspirado en el libro del Antiguo Testamento
"El Cantar de los Cantares", del Rey Salomón*

Divina como una estatua de Persia,
esbelta y firme como la torre de David.
Tan suave como olor a nardos
y de exquisito paladar anís.

De su cuello nacen corales
adornado con perlas redondeadas.
Eres bella como la Alhambra
e imponente como corcel.

De tus labios surgen las más hermosas palabras,
de tu cintura hábil depende la danza,
y es tu pecho como racimos de ciruela,
tu piel suave como la seda.

Son tus piernas raíces de olivo
afianzadas en la tierra.
Tus manos son palomas
que enamoradas vuelan.

Está tu alma brillante
con una luz de la mañana.
Alabado el Creador en tu figura,

pues encarnas a la reina amada,
diosa de los jardines,
del esplendor y la aurora.

Cómo se mueve tu cuerpo
es el baile de una dama.
Con colores esmeralda
está dispuesto el corazón
y la medalla.

Tu corona está radiante,
atraviesas a quien tocas.

Guárdate de maleantes
y falsos dadores de boca.

El Rey está en tu camino,
apresurado te observa
y con serenidad aguarda.

Subiréis por las veredas
a contemplar las montañas
y el gozo será vuestro lecho;
el amor y la alabanza
reinarán en vuestra casa.

No hay peligro,
ya todo es abundancia.

EL ESTADO HA CAMBIADO

El Estado ha cambiado.
Las redes sociales se hacen mesa camilla y sillas a
puertas de las cancelas; de gentes que comparten
sus opiniones sin restricciones, manteniendo su
espacio público en total libertad y sencillez.

La organización del Estado ha cambiado.
Ahora la incesante necesidad del ser humano para
comunicarse se ha mudado de lugar.
Usa otros códigos, otras formas y tecnologías más
sofisticadas para de una *nueva* manera, volver a
transitar el mismo recorrido: recordar quién es
a través de la materia que indefinidamente va
transmutando, pero siempre encuentra de manera
acertada la vía que le acerca a continuar haciendo
lo que hacía desde el principio: comunicarse.
¿Comunicarse con qué?
Ser el testigo de la comunicación entre materia y
espíritu, encarnando la pura energía que lo aviva.
Conciencia consciente de sí misma.
¿Habéis escuchado eso?
Conciencia consciente de sí misma.
Un conjunto de células, organismos diminutos vivos
—programas de gobierno—, departamentos venosos y
arteriosos, departamento del agua y defecación, toma
de aire, limpieza y expulsión, que trabajando unidos,

dan lugar a una entidad que es mucho mayor que
cada uno de los órganos que la componen.
Y ahí surge el ser humano y su conciencia.
Por lo que dicen los estudiosos del tema, el ser
humano evolucionado.
Pero yo creo que hay algo más interesante, y es esa
conciencia de la que somos testigos.
O ese testigo observador de la conciencia que nos
posee.
¿Quién somos nosotros y quién no?
Aquí aparece un estado de arriba y de abajo.

La conciencia y el testigo: ambos, presentes.

[Dos puntos unidos por una recta, que toman
conciencia de sí mismos, ambos. Al hacerlo se crea
un punto nuevo, que forma un triángulo,
y así sucesivamente se despliega la creación].

¿Esto? Principios de la geometría sagrada.

SUPERANDO UN ESTADÍO

Hoy cambia el rumbo de las almas inocentes,
que mano a mano rodean el castillo
que siempre sirvió como refugio.

Con la cara a las afueras
adquieren valentía para entrar en la batalla.

Porque ya el miedo no es excusa
ni arrebata la valía;
hoy el miedo no es enemigo,
es compañero de andanzas
y amuleto de sabiduría.

DE AMOR HABLA

En la penumbra veo un recuerdo
de nubes blancas y aposentos.
Rojo está el corazón del rey,
de oro es su capa,
y su rostro lo cubre la oscura barba
semejante a un ladrido,
voraz, furioso y tranquilo.
Sus ojos leen pergaminos
de tinturas esmeralda.
Se derraman copas de vino
sobre la dorada capa.
¡Arde el furor del bandido!
El pergamino se escarcha,
la tormenta del amor
tiene bengalas que estallan,
cae el vino en su corazón
[la sangre de la nostalgia]
que delata la pasión
de la cruel mente que le habla.

CANTAR DEL ALMA MÍA

(Glosa a San Juan de La Cruz)

Diez mil encuentros cada día
tiene mi alma con el amado,
que en mis sueños desvelado
por en su presencia hallarse.
Más que el viento su rapidez
de volar y valor en alto.
Y fue tan alto, tan alto
que *estremecíme* en el valle.
¿A dónde vuelas, alma mía, con tanto trajín y llanto?
¿No ves que de ti no falto,
pues *ámote* más cada día?

Amado de mis entrañas,
por súplicas te lo pido
que no me apartes de tus manos
ni pasión tuya me falte,
pues rezumada en tu baile
todo es un gozo divino
esta danza que es un trance.

CANCIÓN NOCTURNA

Hay pesares por los que sufre el alma,
y, sonámbula de falsas realidades,
se enfrenta,
uno por uno,
contra los pinceles que las pintan;
y, finalmente, a sí (misma)
se "sabe" que los sostiene su mano.

Y a sí se pregunta «¿quién ha sido?»,
«¿quién ha sido quien lo habrá pintado?»
Y, entre el resplandor de la verdad,
la mano se abre y deja de gobernar;
ya no está escondida;
hay unos ojos que la pueden mirar
y que no olvidan.
Ha cesado la sombra.

El diamante del alma brilla
y derrama de su fuente el agua.
Lastres antiguos se desencadenan:
¡Libres las almas de antepasados se quedan!
¿Qué necesitas de mí? —pregunta el alma.
Rompe tu cadena, porque ¡tú eres libre!
—¡Deja que me vaya! —se oye.
—No hay nada que te aprisione —canta con ritmo
arraigado el alma. Y se revela a sí misma

la sombra, se atraviesa
y como un espejo que refleja únicamente
la luz del objeto reflejado,
así el alma se desvela, y expectante,
solo irradia resplandor.

CANCIÓN DE MUERTE

ELLA
Despacito sopla el viento,
no hay desdén, fiera ni puerta que frene
el llanto y congojo que se halla hoy en la sierra.
Y sin querer, queriendo,
hay muertes y mil lamentos
que agonizan de amargura,
por tanto que el alboroto
mete la mano en la herida,
antigua y de sinsabor,
como una rosa cautiva,
hilvanada de rocío
en lo alto la colina,
goza ya del resplandor inquieto,
por haber gente que la envidia.

Rosa de primavera, aún presente,
¡no llores!, ¡no temas!,
¡que no te venga la muerte!
Solo remedia el perdón,
que al entregarlo se vuelve.

Y así comienza el amor, sin tinturas ni grilletes.
¡Anda, mira la pena como si tuya no fuere!

¡Que tus ojos desvelen lo que la metralla esconde!
Niégate de tu suerte
¡y deja de ser cobarde!
Arden los campos en luz, y los olivos no mienten,
sabiendo que la esperanza
juega siempre cara al frente.

¡Anda, anda! ¡Deja de ser cobarde!,
¡deja de ser teniente!
Centinela de la noche,
tú que tejes los hilos de las esferas lunares
apiádate de las sonrojadas semillas
que de entre tus pies aún duermen.
Entra en la canción de las campanas
y desenmascara tu vientre,
vislumbra la madrugada
¡de forma que sola tiemble!

¡Ay, congojo!
¡¿A dónde irás a parar?!
Marchita la pena silvestre, sola
tal y como viene, se va.
Sola siempre.
¿Y las ganas de llorar?
¡Llora, que así se agrandan los mares!
Habichuelas y monetas* se infiltran en los corrales.
La antigualla y el salmón,

____

*   Concibo la moneta como un animal imaginario parecido a la sardina.

bichos puros y pura cepa.
Desnudos, como las sortijas que en dedos antiguos
hablaban mil lenguas.
Ahora sí, me voy a acostar.
Buenas noches, despertar.

ÉL
Solas... las palabras me hacen cantar tu nombre.

ELLA
Canta, que cantar al mal espanta,
por eso te doy las gracias.

ÉL**
Antes de dormirte quiero cantarte mi nana.
Una chocita en el campo y en ella nos meteremos,
porque duermes solo, pastor,
en tu cama de guerra;
ahora duermes sin Dios
el aire que respiras. ¡Ay, pastor!,
¿por qué duermes solo, pastor?
Tu *mare* ya no viene;
ahora ¿quién te cantará?
En los arroyos fríos veo tu cara.
El llanto contándole los pasos.

** En la intervención 2 y 4 de ÉL en este poema se podrá leer un extracto de Yerma, obra de Federico García Lorca, y de la canción popular interpretada por Enrique Morente en su disco "El pequeño Reloj".

Contamos el tiempo con las horas amargas
de las lágrimas:
¡Tic-tac, tic-tac!
El pequeño reloj...
Y también contamos el tiempo con el mar,
movido eternamente por el viento.
El mar es también un reloj
el gran reloj.
Pasan los años y los siglos,
y las olas no cesan;
las olas van y vienen, y se rompen.
Hay más olas que estrellas
y que granos de arena.

Y contamos el tiempo con las horas amargas
coronadas de espuma;
mare, mare,
antes que cesen tus ojos quiero cantarte mi nana.

ELLA
Hoy cógeme en tus brazos,
que está flaca mi alma y mis ojos no enmudecen.
Dame el consuelo de un padre,
de un hermano o de un sirviente.
Se derraman mis ojos, y de dolor pena mi suerte.

ÉL
Quieta, mujer,
que vengo hablando el lenguaje de las flores.

Quieta, mujer,
que vengo a limpiar tus lágrimas y mis noches
sin dormir.

ELLA
Adelante, pasa,
quiero que entres.

ÉL
Llévame a los campos con la luz de la mañana,
a ver abrirse las flores cuando se mecen las ramas.
Abierta estaba la rosa con la luz.

ELLA
Es el amor a raudales lo que andas tú trayendo.
No se lo digas a nadie,
alumbras campos y valles,
y tus palabras sombrías se convierten en corales.
¡Vamos, vamos entonces corriendo!

Pero quédate conmigo aquí,
¡aunque solo sea un momento!
Desde aquí se ven trigales y verdor que se hace
nuevo.

ÉL
Desde aquí los inmortales se hacen hueco
quemando romero,
para que salga lo malo y entre lo bueno.

ELLA
¡No te alejes,
que te quiero enseñar las norias que se mecen en
caudales! ¡Vuelve!

ÉL
Ando liado con el miedo.
Deja que vuele por un momento y pueda ver
tu frondoso cielo.

ELLA
Se desatan los nudos,
y entonces todo retuerce.
Las cadenas del olvido tienen dientes
que nos muerden.

Entrando en el paisaje mudo
ya no hay cielo ni tierra que gocen al verte.

Adiós, deseo;
[y] adiós, muerte.

ALZAD LAS ALMAS

I

Dale a tu corazón la llave para entrar en la batalla.
Que las puertas del amor se abran sin miserias
y cabalguen los jinetes blancos hasta la lucha.
Abiertas quedan las puertas,
vulnerables las manos alzadas que claman sin cesar
un cambio.
Llega la hora, señores; llega la hora.
Dejemos las explicaciones, porque es el tiempo
de la acción,
¡y que ganen los mejores!

Se escuchan las voces sinceras,
voces que vociferan, voces que alzan la voz;
hay otras que piden perdón.
Mucha gente que se une en un solo nombre.
Mantienen el ritmo de su corazón despierto
y con fervor esperan la llegada
de una paz absoluta que arrasará
con toda sombra,
y se iluminarán los días, y el cielo será la casa.

Bajarán como serpentinas las luces de las alturas,
papelillos de colores que cubran nuestra figura,
y como llamas de fuego quemarán las envolturas,

dejándonos al desvelo las vivas entrañas puras,
y el cuerpo se hará invisible como la música,
aunque dando fe aún existe.

Se expandirá la galaxia,
y desde el más remoto tiempo
viene a atravesar la llama:
el corazón en un cuerpo,
que es armonía lo que emana.

—¡Viva! —se escucha, se clama.
—¡Viva la constante eterna que nos hace palpitar!

Unidos por una misma fuerza están los seres de las
estrellas:

—Ahora estamos aquí —me dicen.
—Ahora estamos aquí —me cuentan.
—¿Qué destino nos espera? —Es la clave del letargo.
—¡Dejad de vivir suavito, dejad de vivir despacio!
—¡Acelerad vuestros pasos que el amanecer nos llega!
¡Caminad en rumbo claro y alzad bien vuestra
bandera, que el invierno ha estado fértil y ahora llega
Primavera!

A flores ya huelen los campos, lirios blancos y
azucenas.
¡Qué profundos los gustos que penetran las ventadas!
Amor a raudales ya llega, y de los árboles mensajes

que, por fin, entendemos en voz alta, sin nadie que
nos señale.

II

¡Arriba las almas!
¡Que ha llegado el tiempo de la batalla,
el transcurrir incesante por horizontes nuevos!
¡Levantad la vista y enraizaos en la tierra
como los ancestrales árboles que con fortaleza
crecen hacia lo alto expandiendo sus ramas
sin límite! ¡Dejad que fluya la sabia por el canal vacío
en donde penetra la eternidad!

¡Alzad vuestras almas,
y entregad sin escrúpulos lo que poseéis!
¡A partir de ahora no tenéis nada!

Comienzan los primeros pasos de los guerreros
hacia la batalla, donde ángeles y demonios luchan
por la conquista de la Tierra.
¡Hoy ya es nuestra la batalla y desterrados quedan
todos los que sin control
han manchado el nombre de la Tierra
con la perversión y la avaricia!

¡Hoy se alza la voz del ser humano verdadero
que con clemencia conoce los secretos
de lo venidero y clama perdón con súplicas!

¡Alzad las almas!
¡Porque hoy ha llegado el nacimiento de la luz
y con fervor nuestros corazones encienden la llama!
¡Ya no hay vuelta atrás!
¡El presente se ha hecho regalo,
y lo único que poseemos son nuestras manos limpias!

¡Aclamad al Cielo!
¡Aclamad el nombre de la Tierra!

ESTRELLA DE DAVID

Impotencia, lo que siento cuando la feminidad no es
reconocida y pierde su valor en el día a día.
Mi frente se arruga y hay espejos que distorsionan
las potencias.
¡Madre mía! ¡Alma mía!
¿Dónde está el consuelo que aviva a mi alma?
¿Dónde?
Entre tú y yo hay un desierto, ¿cómo pueden brotar
las flores?
La materia y el espíritu se unen, entre medias está
mi alma.
En el límite —atención, alerta—.
De abajo a arriba suben las fuerzas que mantienen
vivos a los árboles.
Arriba-abajo, abajo-arriba.
Una estrella de David se dibuja en la estructura
de nuestra existencia.
¿Cómo hacer que la humanidad tome conciencia de
las leyes que la gobiernan?
¿Cómo hacer que el alma tome la fuerza y maneje
las riendas de los caballos desbocados?
Dime, alma mía, dime... ¿qué hago?

Y el alma dice:
—Confía...

SUCESO

Los encuentros útiles se refuerzan,
los inútiles se rompen.
Me quito el uniforme y desnudo mi vista.
Te miro y ya no eres el mismo.
Te obligaron a ponerte un antifaz que ya
no has sabido quitarte.
Al principio me confiabas tus temores y así
iban desapareciendo.
Después te fuiste acostumbrando a la frialdad,
y ya no te permitían el contacto.
Ahora son montañas de hielo tus miradas,
y me dices que no sabes qué pasa.
Ella te coge de la mano y dice: «Es mi corderito».
«Ya somos todos felices».
Y tu alma libre queda prisionera entre palabras.
Tus miedos han formado tu casa y tu aspecto.
Lo que piensan los demás de ti te ha construido.

¿Y bien?

Ya no eres tú, amigo. Te has convertido
en una máscara.
Y así yo, ¿qué puedo compartir contigo?
Nada. Me da pena, pero debo marcharme.
Pasó mi tren y me quedé esperándote.
Ahora sí cojo el siguiente,
hasta que quieras volver.

A TUS MANOS

Solo a partir del constante enfrentamiento con lo que
es real me es posible que surja la inspiración.
¿Quién eres y quién soy?
¿Juicios *a priori* y sin meditar?
¿Hasta qué punto maldices tus bienes,
que al ver los míos te embruteces?

Pulso de intermitente precisión
arroja verdades a la luz.
Hay sonidos estridentes
con los que se consuela el ciego.
Marmota pasiva de continuo desconsuelo.

Vivir por vivir en el constante letargo.
¡Espabila, pasmarote!
Haz el favor, y bájate del carro.
Nada espero de ti, solo tendré lo que me des.
Hablo al humano, te hablo a ti.

ANUNCIO

Tranquilidad por favores,
¡cuánto fuego en las entrañas
y verdor hay en el monte!
Ya respiran las montañas
y los peces se zambullen en los mares.

Las colinas marcan camino;
saluda el sol al horizonte.
Gracias le doy al cielo
por conmover mi existencia.

¿Qué hacer en los prados cuando
corren los conejos?
Cual grillo maúlla al compás del viento.
Los puntos cardinales se concentran en una estrella,
de la cual —al parecer— dependo.

RENACIMIENTO

Cada momento es nuevo.
Baila con los huesos, vive con tus huesos, actúa desde tus huesos.
En tu espalda, tras de ti, está toda tu familia.

Recuerda la sombra que te persigue constantemente,
o te observa, o te guía.

Surge de las entrañas la luz.

Gracias a la cruz que nos soporta
estamos vivos.
Tus dedos infinitos.
Tu cabeza porta una corona.

Gracias a lo invisible por servirnos.
Gracias a la eterna presencia,
podemos morir sin dejar rastro
y renacer en agua viva.

UN RECLAMO DE LA VIA LÁCTEA

Sí, al amarte siento exactamente lo que tú sientes.
Y cuando hay algo que no me gusta,
tengo que hacer algo para cambiarlo,
así somos los guerreros de la luz.
Así continuará, porque así fue
desde el principio de los tiempos.
¿Cómo cambiarlo?
Haz el favor: ACTÚA.
Convierte tus palabras en hechos
y sé real con la expansión de todo tu ser.
Haz el favor: SIRVE.
La función que tienes que desempeñar,
ofrécela, por favor.
Únete a los demás guerreros de la luz.

Sacad vuestras espadas:
aquella que más brille
será la primera en servir de guía.
Caminad juntos,
dirigíos hacia el presente con alegría.
cantad con júbilo vuestra jornada.
Y, por favor, AMAD, VALIENTES, AMAD.

OTRAS ESFERAS

Aire de volcán: suspira la tierra,
un abismo sin quebrantos:
murallas de hierro en el firmamento
a dónde las luces no ciegan
y los ojos se confunden con bengalas.
¡Allá está el altar de la Tierra!,
donde las especies no disimulan
y las flores lanzan su aroma
a los remolinos del viento,
que mientras caminan, danzan.

Y lo sé, y sé que tú también lo sabes,
por eso podemos decir; un decir sin palabras
que se parece a sentir a dónde nos lleva el viento,
Hermana de la Ciudad.
Esos son los pensamientos que ya suenan
sin sonar; tiempo de gran esperanza,
bajo el hielo y la escarcha está la flor ya creciendo,
aún no huelo su aroma pero lo intuyo,
como el que intuye el amor
o intuye una espada.

INESPERADO

Por donde pasan las notas de las partituras invisibles.
Uno a uno los sonidos del manantial eterno,
bajando y subiendo las frecuencias del destierro.
Humanas las manos que lo hacen,
lo muestran y lo destapan.

Sonidos en cuerdas de violonchelos,
lloran las lágrimas de un lugar
que no ha llegado aún: material nuevo.
Su estructura y fortaleza no tiene precio,
porque el dinero desaparece
y las ruedas de los mecanismos de los relojes
se deforman, se separan, se distorsionan
al palpitar incesante de las alas de una libélula.

EN EL VACÍO, UN ÁNGEL

Aquí estoy de nuevo, ángel de la distancia,
tan cerca que te tenía
y tan lejos en mi falta de conciencia.
La luna sigue alumbrando
las almas de los caminantes
que contemplan la explanada.
Sueltan un deseo al vacío;
un deseo que se desata y que llega a las estrellas.
¡Qué fuerza deja su huella!
Permíteme comprender que, queramos o no,
siempre estamos conectados a las estrellas.

El vacío circundante es pie de paso
que nos mantiene en presencia.

Anda, caminante, anda.
Contigo vale el poder,
podemos ganar la batalla:
la tuya contigo, la mía conmigo.
Frente a frente,
mi alma busca a mi alma
en los contornos que dibuja mi cuerpo cuando anda;
el movimiento que conecta y contacta con ese centro,
donde mi ángel aguarda,
esperando la mirada que sin los ojos se palpa.

REFLEJOS

Continuando con la travesía,
los tiempos nuevos acontecen.

El sol va naciendo en mañanas donde el despertar es más gustoso.

A veces, hay luz donde no lo esperamos.

¡¿Es tan fácil hacer sonreír a alguien?!
Buscamos cosas que no están
a más de un palmo de nosotros,
con ansiedad las deseamos y las empujamos.
Son deseos invisibles para los ojos del otro,
pero visibles para su corazón.

Ayer no te deseé y estuvimos cerca,
simplemente te sentí tal cual estabas
sin juzgar tu presencia.
Ayer no te deseé, pero en cambio mi amor te llegó,
y me llegó el tuyo.

Gracias, amiga, por dejarte ver.

ALQUIMIA

Es ese estado de paz el que sana a las almas,
ese amor incorpóreo que nos transforma por dentro,
y de miopes gusanos pasamos a ser mariposas.

A veces, tenemos miedo de demostrar
que necesitamos un abrazo.
A veces, reprimo las ganas de amar.

¿Para qué?

No tiene sentido.

¡Como si fuese yo la beneficiaria de tales acciones!
Ególatra que me conmueve.
Tanto más fácil es hacerlo sin pensarlo,
y cuánto de grandioso es darlo.

Cuando te quiero, no es para ti, ni siquiera para mí.

El universo actúa a través de nosotros.
A la obra que se está creando
le estamos dando vida,
pero no se limita a satisfacer
nuestras míseras necesidades,
sino que es una continuación
de algo que comenzó

en el principio de todos los tiempos,
y que ahora nos atraviesa,
y lo permitimos,
lo dejamos que fluya,
porque nosotros somos canales
y receptores de mensajes
que están en paralelas líneas del tiempo.

Aquí y ahora.

Un flujo que atraviesa los cuerpos
y los hace vibrar a frecuencias más altas.
Transforma las nociones,
los cuerpos,
las habilidades,
la conciencia de nosotros y nuestros alrededores.
Transforma las almas.

Esa "nada" que nos atraviesa
es la misma para ti que para mí,
para la hormiga
y para el perro o el delfín.
Por eso puedo leerte, aunque estés lejos,
y enviarte mis intenciones,
y por eso mentirnos es inútil.
Porque ahora lo que está cambiando es el cuerpo
y su conciencia,
y la mentira es verbal, racional;
contrapuesta a la realidad corporal.

Ahora es el tiempo de este cambio:
ya está sucediendo.
Son mañanas de buen despertar
donde el sol asoma tras la pradera
y saluda a los habitantes del reino de los sentidos.

Hoy hace sol en esta parte del planeta.
¿Y ahí?

DECLARACIÓN

No sé cómo entraste en mi vida,
así de repente, por casualidad…
Tu aire azul me conmovió el alma
y no tuve otra cosa que respirar.
Mientras dormía en mi cama blanca,
¡tu nombre se salía de mi almohada!

¡Ay, amor, vente conmigo!
Vamos a amansar las fieras
que hay entre los olivos
y ahí te daré mis amores de oro,
y beberemos el vino de la embriaguez eterna.

No me supliques disculpas, tu corazón lo primero.
Es el que habla a través de tu boca y me dice:
«¡Ámame!, ¡ámame sin escusas!,
¡ámame sin porqués!
que deseo besar tus labios
y deseo besar tus notas;
cántame la canción de la herida que cura,
la panacea del amor en medio de una liturgia.

Embriágame con tu amor,
desvelas mis noches y mis días.
Acércate, paisano, ¡acércate!
Mírame y dime con tus manos lo que deseas».

Desde entonces no te olvido,
pasas las horas conmigo,
vaya por donde vaya, recuerdo tu olor
y el contorno de tu cuerpo hace sonar
las ramas al viento, y sé que suspiraste,
y cada vez que te veo, te beso.

POEMAS DE SIMPATÍA

Yo creo que los humanos también tienen la capacidad de volar;
el problema es que no sabemos concebir
los pensamientos adecuados que nos permitirán levitar.

Michael Jackson

TÚ

Donde cada noche la infinidad de la galaxia se disminuía a un milésimo punto de bolígrafo sobre un papel amarillento a la luz del candelabro; la pluma se sucedía de un lugar a otro del papel como llevada por los vientos del este al oeste y del norte al sur. De repente, la estrella de los puntos cardinales florecía y de sus pétalos se desprendían los perfumes de aquella melodía que, silenciosa, acompañaba la partitura del músico al violonchelo. Sucedían —como danzando— las líneas llenas de tinta; las palabras se escribían solas como mensaje de otros tiempos, y el espacio se dilató en un segundo y se extendió a toda la galaxia. El latido del corazón marcaba el ritmo de la partitura, casi invisible y precisa.

...TÚ

Daban las doce en el reloj de la entrada. El momento se detenía en unos ojos que perseguían figuras escondidas entre rejas y cortinas. ¿Qué, cómo, cuándo y dónde? Aquella vez él estaba en la cocina, como siempre... Alimentando el sentimiento de soledad que lo consumía. Hermano latino de la costa noroeste, ¿a dónde andabas perdido en un lugar como este?

Y TÚ

De tremendos manantiales tiene la copa colmada. Son vinos de los amantes, abanicos de gitanas, ruedas que recorren campos, de la playa a la montaña. ¿Es que aún no ha salido la guirnalda de tu herida? Pétalos se lleva el viento mientras se cura la herida. Continuados alientos que sirven a los mares del olvido, mares donde sopla el viento, caen racimos del olivo, tierna tierra la que arrastra aquellos perdones esquivos, son alubias cocinadas, con hierbabuena y comino.

DICHOSA BALLENA

Como colgada del cielo está mi alma. Suspensión incesante que la gravedad de mi cuerpo soporta. Sutil existencia y engranaje la que hallo al alcance. Benévola labor que me encomendaste la de perpetuar el trabajo de los árboles por cuyas fuentes emana el agua viva. Aquel lugar donde ya la sed del amor es colmada y los ángeles susurran melodías que envuelven los contornos de las esferas.

LA RABIETA AZUL

El arte es un método de levitación,
separa a uno de la esclavitud de la tierra.

Anaïs Nin

EPISODIO 1

«Hubo algo que apagó mi alegría… y desde ese momento lloro.

Lágrima a lágrima se cuenta el tiempo, y por dentro me invade una bruja hueca que me come con su boca sin dientes.

Se me retuerce el aliento y saco este dolor mío a base de lágrimas, y de tiempo».

EPISODIO 2

«No hay más que lágrimas en este cristal. Siento haberte mentido así. Siento haberme mentido así…

de esta manera tan exagerada y tan vulgar.

Mi propósito es, sin duda, aprender a amar.
Perdona mis errores de cobardía, o mis no errores de cobardía. Lo siento, de verdad, lo siento.
A partir de ahora ya estoy comenzando a amar, sin medidas, y sin filtros.

A partir de ahora voy a comenzarme a amar, a quererme sin medida, y a dejar de juzgarme cobarde. Hoy ya abro la puerta de salida al miedo y al temor, y hago en un pequeño caldero una sopa de verduras a fuego lento, para nutrir una noche de invierno como esta».

EPISODIO 3

«De montañas la senda coronada estaba, y leves murmullos acompañaban el atardecer de aquel valle. Ciega la vista, se mantuvo imprevisible y se me cayó la pasión como en otoño las hojas a los árboles. Extendida por el suelo hacía de manto rosado, de terciopelo color burdeos con cintas plateadas, lunática en mitad del bosque:

—¿A qué horas asomas?

—¡Mientes! —dice el gato de Alicia en su país encantado, como un juez todopoderoso, y prosigue—: ¿Por qué viniste? ¿Acaso no sabías lo que irías a encontrar? Aquí en el bosque está todo oscuro. Los amigos no abundan y lo mejor es resguardarse, no frenar. Mantente en camino, Alicia; esta es una aventura que deberás aprovechar».

Índice

POEMAS DE SIMPATÍA

LA RABIETA AZUL